CATALOGUE

DE

DESSINS

d'Artistes Modernes

PASTELS. FUSAINS. AQUARELLES

TABLEAUX

AYANT PARU DANS LE JOURNAL

L'ART ET LA MODE

(Droits de reproduction réservés)

DESSINS EN LOTS

dont la Vente aux enchères publiques aura lieu

Hôtel des Commissaires-Priseurs, 9, rue Drouot

SALLE N° 7

Les Vendredi 6 et Samedi 7 mars 1903

à deux heures et demie

COMMISSAIRE-PRISEUR	EXPERT
M° Léon TUAL	M. Paul ROBLIN
56, rue de la Victoire, 56	65, rue Saint-Lazare, 65

PARIS

EXPOSITION PUBLIQUE

Le Jeudi 5 mars 1903, de 2 h. à 5 h. 1/2

CONDITIONS DE LA VENTE

Elle sera faite au comptant.

Les acquéreurs paieront *dix pour cent* en sus des prix d'adjudication.

M. Paul Roblin se réserve la faculté de rassembler ou de diviser les lots.

ORDRE DES VACATIONS

Vendredi, 6 mars 1903	Dessins........ Nᵒˢ 23 à 133.
— —	Tableaux........ Nᵒˢ 1 à 22.
Samedi, 7 mars 1903	Dessins....... Nᵒˢ 134 à 187.
— —	Dessins en lots Nᵒˢ 188 à 205.

DÉSIGNATION

TABLEAUX

CHICOTOT (Georges)

1 — Daphnis.

Esquisse sur toile. Signée à droite.

Haut. : 31 cent.; Larg. : 39 cent.

DAMERON (Em.)

2. — Paysanne et enfant.

Esquisse sur toile. Signée.

Haut. : 37 cent.; Larg. : 25 cent.

DESHAYES (Eugène)

3. — Une rue à Bou-Saâda (Sud algérien). Avril 1900.

Esquisse sur carton. Signée à gauche.

Haut. : 39 cent.; Larg. : 31 cent.

FLAMENG (Auguste)

4. — Barques de pêche dans le port de Bordeaux.

Toile. Signée à gauche et datée 1893.

Haut. : 102 cent.; Larg. : 130 cent.

INNESS

5. — Retour des champs, par un temps d'orage.

Panneau. Signé à gauche.

Haut. : 19 cent.; Larg. : 24 cent.

LANDAU (Émilie)

6. — Danseuse.

Toile. Signée à gauche.

Haut. : 80 cent.; Larg. : 54 cent.

LEMAITRE (Georges)

7. — La Rue du Rempart-Médée. Casbah (Alger).

Esquisse sur carton. Signée à droite.

Haut. : 31 cent.; Larg. : 23 cent.

MATIGNON (A.)

8. — Une Sablaise.

Esquisse sur carton. Au bas à droite : *Les Sables d'Olonne, août 97.* Signée au verso.

Haut. : 22 cent.; Larg. : 19 cent.

MÉRY (Paul)

9. — **Les Communs du château Le Garry.**

   Toile. Signée à droite.

   Haut. : 45 cent.; Larg. : 54 cent

PETITJEAN (E.)

10. — **Paysage avec un fleuve dans le lointain.**

   Toile. Signée à droite.

   Haut. : 36 cent.; Larg. : 53 cent.

RAYNAUD (Auguste)

11. — **Jeune Romaine.**

   Bois. Signé à gauche.

   Haut. : 26 cent.; Larg. : 34 cent.

12. — **La musique.**

   Toile. Signée à gauche.

   Haut. : 32 cent.; Larg. : 23 cent.

RICHET (Léon)

13. — **Habitation rustique.**

   Esquisse sur carton. Signée à droite.

   Haut. : 21 cent.; Larg. : 26 cent.

14. — **Paysage, avec cours d'eau.**

   Esquisse sur carton. Signée à gauche.

   Haut. : 21 cent.; Larg. : 26 cent.

ROULLET (Gaston)

15. — **Sur la Rivière Claire (Tonkin).**

> Toile. Signée à gauche.
>
>> Haut. : 23 cent. ; Larg. : 33 cent.

SAIN (Paul)

16. — **La Barthelasse d'Avignon (Soir de février).**

> Esquisse à la pierre d'Italie. Signée à gauche.
>
>> Haut. : 25 cent. ; Larg. : 39 cent.

SAUZAY (A.)

17. — **L'Église de Léry. Bords de l'Eure.**

> Étude sur carton. Signée à droite.
>
>> Haut. : 32 cent. ; Larg. : 39 cent.

18. — **Habitation rustique sur les bords de la Seine, à Saint-Pierre de Vauvray (Eure).**

> Belle étude sur carton. Signée à gauche.
>
>> Haut. : 31 cent. ; Larg. : 39 cent.

19. — **Vieille habitation sur les bords de la Seine, à Saint-Pierre de Vauvray (Eure).**

> Étude sur carton. Signée à gauche.
>
>> Haut. : 27 cent. ; Larg. : 34 cent.

TROUILLEBERT

20. — Chemin longeant une rivière.

Toile. Signée.

Haut. : 53 cent.; Larg. : 37 cent.

WERTHEIMER (G.)

21 — Tête de Lion.

Toile. Signée à gauche.

Haut. : 80 cent.; Larg. : 62 cent.

ZAWISKI (Ed.

22. — Un coin du Jardin du Luxembourg.

Esquisse sur toile. Signée à gauche.

Haut. : 21 cent.; Larg. : 30 cent.

Dessins
Fusains, Aquarelles

ABBEMA (Louise)

23. — Mademoiselle Berthe Cerny.

> Plume, rehaussé de gouache, sur papier préparé. Signé.
>
> Haut. : 47 cent.; Larg. : 29 cent.

24. — Ce que l'on boit : Suite de Douze Compositions. Sujets de femmes représentant les Boissons des différents Pays.

> Plume. Signés.

25. — Les Monuments de nos gloires à Paris. Suite de douze Compositions en hauteur.

> Plume et lavis, Signés.

ADAN (L. Émile)

26. — La Forge.

> Crayon noir. Signé.
>
> Haut. : 53 cent.; Larg. : 40 cent.

ADAN (L. Emile)

27. — Veille de fête.

Crayon noir. Signé.

Haut. : 59 cent.; Larg. : 39 cent.

BERTON (Armand)

28. — Tête de fillette.

Crayon noir. Signé.

Haut. : 45 cent.; Larg. : 32 cent.

BLIGNY (A.)

29. — Les Pêcheurs à la ligne.

Plume. Signé.

Haut. : 20 cent.; Larg. : 27 cent.

BLOCH (A.)

30. — « Estafette ».

Crayon noir et lavis. Signé et daté 1896.
Haut. : 27 cent.; Larg. 17 cent.

BRETEGNIER (G.)

31. — Arabes à la Mosquée.

Crayon noir rehaussé de blanc sur papier
bleu. Signé.

Haut. : 40 cent; Larg. : 28 cent.

BROUILLET (André)

32. — L'Anniversaire.

Crayon noir et lavis rehaussé de gouache.

Signé.

Haut. : 45 cent.; Larg. : 33 cent.

33. — « Sous la lampe ».

Crayon noir. Signé.

Haut. : 39 cent.; Larg. : 27 cent.

34. — Suzanne moderne.

Plume. Signé et daté 1890.

Haut. : 14 cent.; Larg : 24 cent.

CAGNIART (Émile)

35. — Sur un canal. « Venise ».

Fusain rehaussé de blanc sur fond bleu.
Signé.

Haut. : 61 cent.; Larg. : 45 cent.

36. — Paris à vol d'oiseau.

Crayon noir rehaussé de gouache. Signé.

Haut. : 25 cent.; Larg. : 41 cent.

37. — Souvenir du Pays Noir « Environs de Charleroi ».

Crayon noir. Signé.

Haut. : 25 cent.; Larg. : 37 cent.

CASANOVA (Antonio)

38. — Femme à l'Éventail.

> Plume. Signé et daté 1893.
>
>> Haut. : 31 cent.; Larg. : 23 cent.

39. — La Rieuse.

> Plume. Signé et daté 1892.
>
>> Haut. : 31 cent.; Larg. : 23 cent.

CATE (Ten)

40. — L'Escaut.

> Plume et lavis de sépia. Signé.
>
>> Haut. : 30 cent.; Larg. : 38 cent.

CHECA (Urbano)

41. — L'Enfant aux chats.

> Crayon noir. Signé.
>
>> Haut. : 42 cent.; Larg. : 22 cent.

COESSIN DE LA FOSSE (Ch. A.)

42. — Dame de la Cour en 1790.

> Crayon noir rehaussé de blanc sur papier
> gris. Signé.
>
>> Haut. : 45 cent.; Larg. : 30 cent.

COËSSIN DE LA FOSSE (Ch. A.)

43. — Au Pays du Cidre.

Crayon noir rehaussé de blanc. Signé.

Haut. : 40 cent.; Larg. : 28 cent.

44. — Préparatifs de sortie.

Crayon noir rehaussé de blanc. Signé.

Haut. : 30 cent.; Larg. : 21 cent.

45. — Personnages Directoire.

Crayon noir. Signé.

Haut : 34 cent.; Larg. : 25 cent.

DEBAT-PONSAN (Édouard)

46. — Au labour.

Crayon noir. Signé.

Haut. : 16 cent.; Larg. 22 cent.

47. — Le Médecin malgré lui. Étude pour le plafond de la Comédie-Française.

Crayon noir. Signé.

Haut. : 37 cent.; Larg. : 28 cent.

48. — Le Sommeil.

Sanguine. Signé.

Haut. : 37 cent.; Larg. : 28 cent.

DEFAU (A.)

49. — Un Druide.

Pastel. Signé.

Haut. : 65 cent.; Larg. : 5o cent.

DESBOUTIN (Marcellin)

5o. — Rêverie.

Crayon noir rehaussé de blanc. Signé.

Haut. : 40 cent.; Larg. : 3o cent.

DUEZ (E.)

51. — Femme au collet de fourrure.

Crayon noir. Signé.

Haut. : 44 cent.; Larg. : 33 cent.

DUPAIN (Edmond)

52. — « Une lettre de lui »

Crayon noir sur papier gris. Signé.

Haut. : 42 cent.; Larg. : 3o cent.

ELIOT (Maurice)

53. — Le Berceau.

Crayon noir. Signé.

Haut. : 45 cent.; Larg. : 37 cent.

ELIOT (Maurice)

54. — Fleurs de Printemps.

Crayon noir. Signé et daté 1899.

Haut. ; 43 cent.; Larg. : 29 cent.

55. — La Parisienne.

Crayon noir signé et daté 1900.

Haut. : 43 cent.; Larg. : 28 cent.

56. — Une Parisienne.

Crayon noir. Signé et daté 95.

Haut. : 44 cent.; Larg. : 29 cent.

57. — Parisienne au Théâtre.

Crayon noir. Signé.

Haut. : 35 cent.; Larg. : 25 cent.

FERRIER (Gabriel)

58. — Fillette et bicot.

Crayon noir. Signé.

Haut. : 47 cent.; Larg. : 30 cent.

59. — Profil de femme.

Plume. Signé.

Haut. : 30 cent.; Larg. : 22 cent.

FOURNERY (F.)

60. — Femme cycliste.

Plume et aquarelle. Signé.

Haut. : 23 cent. ; Larg. : 14 cent.

GÉLIBERT (Gaston)

61. — L'Affût.

Plume. Signé.

Haut. : 31 cent. ; Larg. : 47 cent.

62. — Chiens de chasse au chenil.

Plume et lavis sur papier apprêté. Signé.

Haut. : 42 cent. ; Larg. : 32 cent.

(GÉLIBERT (Jules Bertrand)

63. — Prise d'un louvart au débuché « Salon de 1899 ».

Plume, rehaussé de gouache sur papier apprêté.

Haut. : 29 cent. ; Larg. : 43 cent.

64. — Chiens bleus de Gascogne, types de l'équipage du Baron de Ruble.

Plume et lavis. Signé.

Haut. : 37 cent. ; Larg. : 32 cent.

GEOFFROY (Jean)

65. — Jeune écolier.

> Crayon noir. Signé.
>
>> Haut. : 52 cent,; Larg. : 37 cent.

66. — La Bulle de savon.

> Crayon noir. Signé.
>
>> Haut. : 40 cent.; Larg. : 28 cent.

67. — La Becquée.

> Crayon et lavis rehaussé de gouache. Signé.
>
>> Haut. : 30 cent.; Larg. : 20 cent.

68. — Leçon de Lecture.

> Crayon noir. Signé.
>
>> Haut. : 27 cent.; Larg. : 42 cent.

69. — En route pour l'école.

> Plume et crayon noir. Signé.
>
>> Haut. : 43 cent.; Larg. : 28 cent.

70. — Fillette au chat.

> Crayon noir. Signé.
>
>> Haut. : 41 cent.; Larg. : 25 cent.

71. — Tête de fillette.

> Crayon noir. Signé.
>
>> Haut. : 37 cent.; Larg. : 27 cent.

GEOFFROY (Jean,

72. — **Au bord du canal Saint-Martin.**

Crayon noir. Signé et daté 90.

Haut. : 28 cent.; Larg. : 42 cent.

GROLLERON (P.)

73. — **Officier supérieur. Etude pour la « Bataille d'Essling ».**

Lavis rehaussé de gouache. Signé.

Haut. ; 29 cent.; Larg. : 19 cent.

74. — **Officier de mobiles, 1870.**

Plume. Signé.

Haut. : 30 cent.; Larg. : 19 cent.

75. — **La bonne pipe.**

Plume. Signé.

Haut. ; 27 cent.; Larg. : 21 cent.

GUILLOU (Alfred)

76. — **Une Cancalaise.**

Plume avec rehauts de gouache sur papier apprêté. Signé.

Haut. ; 28 cent.; Larg. : 22 cent.

HALL (Richard)

77. — Au cabaret.

Plume. Signé et daté 1892.

Haut. : 16 cent.; Larg. ; 28 cent.

HARLAMOFF

78. — « Cozette ».

Crayon noir rehaussé de blanc. Signé.

Haut. : 5o cent.; Larg. : 36 cent.

79. — Tête de femme.

Crayon noir. Signé.

Haut. : 51 cent.; Larg. : 37 cent.

80. — Tête de jeune fille.

Crayon noir. Signé.

Haut. : 47 cent.; Larg. : 35 cent.

81. — Femme en cheveux.

Crayon noir rehaussé de blanc. Signé.

Haut. : 52 cent.; Larg. : 37 cent.

HARPIGNIES (Henry)

82. — Lever de lune.

Plume. Signé et daté 1882.

Haut. ; 21 cent.; Larg. : 19 cent.

HEULLANT (A.)

83. — **Femme orientale couchée.**

Crayon noir rehaussé de blanc. Signé.

Haut. : 46 cent.; Larg. : 58 cent.

JOUSSET (Charles)

84. — **La Porte Saint-Martin, effet de neige.**

Plume et lavis rehaussé de gouache. Signé.

Haut. : 36 cent.; Larg. : 27 cent.

KAEMMERER (F. W.)

85. — **Devant son potage.**

Crayons de couleur. Signé.

Haut. : 39 cent.; Larg. : 30 cent.

86. — **Soubrette.**

Crayon noir rehaussé de blanc sur papier bleu. Signé et daté 1892.

Haut. : 39 cent.; Larg. : 30 cent.

87. — **Soubrette.**

Crayon noir rehaussé de pastel. Signé.

Haut. : 40 cent.; Larg. : 27 cent.

KRUG (E.)

88. — **Femme jouant avec un enfant.**

Crayon noir. Signé.

Haut. : 10 cent.; Larg. : 22 cent.

LAURENT-GSELL (L.)

89. — **« Propos galants ».**

Sanguine. Signé des Initiales.

Haut. : 27 cent.; Larg. : 33 cent.

LÉANDRE (Charles)

90. — **Une Actrice japonaise.**

Crayon noir.

Haut. : 55 cent.; Larg. : 40 cent.

91. — **Types étrangers au Moulin-Rouge.**

Plume et lavis. Signé.

Haut. : 41 cent.; Larg. : 30 cent.

92. — **Grande dame.**

Lavis rehaussé de gouache. Signé et daté 92.

Haut. : 22 cent.; Larg. : 17 cent.

93. — **Etude pour un portrait d'enfant.**

Crayon noir. Signé.

Haut. : 43 cent.; Larg. : 28 cent.

LAURENT-GSELL (L.)

94. — Primavera.

Crayon noir. Signé.

Haut. : 36 cent.; Larg. : 25 cent.

LEMAIRE (Madeleine)

95. — Fleurs d'autel.

Très belle aquarelle. Signée.

Haut. : 71 cent.; Larg. : 52 cent.

LEROY (Jules)

96. — Après le bal.

Lavis. Signé.

Haut. : 15 cent.; Larg. : 20 cent.

LE SIDANER (H. E.)

97. — Chaumière aux environs d'Étaples, le soir.

Crayon noir. Signé et daté 1895.

Haut. : 23 cent.; Larg. : 38 cent.

LHERMITTE (L. A.)

98. — Etude pour vendangeur.

Crayon noir. Signé.

Haut. : 45 cent.; Larg. : 28 cent.

LHERMITTE (G. L.)

99. — Étude pour vendangeur.

>> Crayon noir rehaussé de blanc. Signé.

>> Haut. : 44 cent. ; Larg. : 26 cent.

100. — Étude pour vendangeur.

>> Crayon noir rehaussé de blanc. Signé.

>> Haut. : 43 cent. ; Larg. : 27 cent.

101. — Bonne femme.

>> Crayon noir rehaussé de blanc. Signé.

>> Haut. : 28 cent. ; Larg. : 19 cent.

LIX (F.)

102. — Une fontaine à Barr (Alsace).

>> Crayon noir. Signé.

>> Haut. : 45 cent. ; Larg. : 54 cent.

MATIGNON (A.)

103. — Cydalise.

>> Lavis rehaussé de gouache. Signé.

>> Haut. : 29 cent.; Larg. 15 cent.

104. — La Princesse lointaine.

>> Crayon noir rehaussé de gouache. Signé.

>> Haut. : 30 cent. ; Larg. : 20 cent.

MIGAULT (P.)

105. — Forêt de Fontainebleau.

Aquarelle. Signée.

Haut. : 26 cent.; Larg. : 36 cent.

MITA

106. — Déclassé !

Crayon noir. Signé.

Haut. : 57 cent.; Larg. : 37 cent.

MOREAU (Adrien)

107. — Au bord du lac.

Plume. Signé.

Haut. : 19 cent.; Larg. : 24 cent.

MOREAU (Jean)

108. — L'Hiver.

Esquisse sur papier huilé. Signé.

Haut. : 42 cent.; Larg. : 32 cent.

MOUCHOT (Ludovic)

109. — Portrait d'enfant en pied. (Salon de 1890).

Plume. Signé.

Haut. : 24 cent.; Larg. : 11 cent.

MOUCHET (Ludovic)

110. — Les Fiancés sous Louis XIII.

Plume. Signé.

Haut : 26 cent. ; Larg. : 18 cent.

MUCHA (A. M.)

111. — Étude de femme.

Feuille de croquis au crayon noir. Signé.

Haut. : 44 cent. ; Larg. : 36 cent.

112. — Étude de femme. Projet pour plafond.

Crayon noir. Signé.

Haut. : 41 cent. ; Larg. : 29 cent.

MUENIER (J. A.)

113. — Un chasseur.

Belle étude au crayon noir rehaussé de gouache. Signé.

Haut. : 48 cent. ; Larg. : 33 cent.

114. — L'Étude.

Crayon noir. Signé.

Haut. : 40 cent. ; Larg. : 29 cent.

115. — Étude pour les chemineaux. (Au musée du Luxembourg).

Crayon noir. Signé et daté 98.

Haut. : 39 cent. ; Larg. : 26 cent.

OGIER (Charles)

116. — Les Fontaines de Paris. Suite de douze compositions, en hauteur.

Au lavis rehaussé de blanc. Signés.

Haut. : 37 cent.; Larg. : 27 cent.

117. — Les Berges de la Seine, à Paris. Suite de dix compositions, en largeur.

Lavis. Signés.

OUDART (Félix)

118. — Oiseau pêcheur.

Au lavis. Signé : *1er Avril, Félix Oudart.*

Haut. : 15 cent.; Larg. : 20 cent.

PENNE (O. de)

119. — Flagrant délit.

Plume. Signé.

Haut. : 28 cent.; Larg. : 33 cent.

PERRET (Aimé)

120. — En moisson.

Crayon noir sur papier végétal. Signé des initiales.

Haut. : 45 cent.; Larg. : 30 cent.

12 . — Aveux tardifs (Salon de 1889).

Crayon noir. Signé et daté 89.

Haut. : 43 cent.; Larg. : 28 cent.

PETITJEAN (Edmond)

122. — **La Tour de la Chaîne, à La Rochelle.**

Plume. Signé.

Haut. : 19 cent.; Larg. : 29 cent.

PEZANT (Aymar)

123. — **Vaches près d'un bourbier.**

Crayon noir sur papier végétal. Signé.

Haut. : 20 cent.; Larg. : 27 cent.

124. — **Vaches à l'abreuvoir.**

Crayon noir sur papier végétal. Signé.

Haut. : 22 cent.; Larg. : 29 cent.

125. — **Journée finie.**

Crayon noir. Signé.

Haut. : 22 cent.; Larg. : 33 cent.

PILLE (Henri)

26. — **Le Roi boit.**

Plume. Signé.

Haut. : 40 cent.; Larg. : 60 cent.

127. — **Bal travesti, avec costumes de l'époque Renaissance.**

Plume. Signé.

Haut. : 39 cent.; Larg. : 51 cent.

128. — **Jeanne d'Arc.**

Plume. Signé.

Haut. : 40 cent.; Larg. : 60 cent.

PILLE (Henri)

129. — Grand Noël.

> Plume. Signé.
>> Haut. : 45 cent.; Larg. : 54 cent.

130. — Petit Noël.

> Plume. Signé.
>> Haut. : 33 cent.; Larg. : 33 cent.

131. — Anges de Noël.

> Plume.
>> Haut. : 33 cent.; Larg. : 22 cent.

132. — Scène de carnaval.

> Plume. Signé.
>> Haut. : 45 cent.; Larg. : 60 cent.

133. — Scène de carnaval.

> Plume. Signé.
>> Haut. : 41 cent.; Larg. : 62 cent.

PIOT-NORMAND (A.)

134. — Églantine.

> Crayon noir. Signé.
>> Haut. : 31 cent.; Larg. : 23 cent.

135. — Pierrette.

> Crayon noir. Signé.
>> Haut. : 43 cent.; Larg. : 29 cent.

136. — Femme en buste.

> Crayon noir. Signé.
>> Haut. : 30 cent.; Larg. : 22 cent.

POINTELIN (Auguste)

137. — Chemin en forêt.

> Crayon noir. Signé.
>> Haut. : 39 cent.; Larg. : 28 cent.

138. — Une Clairière.

> Crayon noir. Signé.
>> Haut. : 28 cent.; Larg. : 44 cent.

139. — Etang en forêt.

> Crayon noir. Signé.
>> Haut. : 29 cent.; Larg. : 44 cent.

140. — Les gros Arbres.

> Crayon noir. Signé.
>> Haut. : 29 cent.; Larg. : 42 cent.

141. — Lisière de bois.

> Crayon noir. Signé.
>> Haut. : 27 cent.; Larg. : 36 cent.

142. — Petite mare. Effet de pluie.

> Crayon noir. Signé.
>> Haut. : 27 cent.; Larg. : 41 cent.

143. — Petite mare.

> Crayon noir. Signé.
>> Haut. : 29 cent.; Larg. : 44 cent.

144. — Petit bois près d'un étang.

> Crayon noir. Signé.
>> Haut. ; 28 cent.: Larg. : 42 cent.

POINTELIN (Auguste)

145. — Sous bois.

> Crayon noir. Signé.
>
>> Haut. : 28 cent. ; Larg. : 42 cent.

RAVANNE (Gustave)

146. — Étude de matelot.

> Crayon rehaussé d'aquarelle. Signé.
>
>> Haut. : 32 cent. ; Larg. : 21 cent.

ROCHEGROSSE (Georges)

147. — Hébé. Étude pour plafond.

> Crayon noir rehaussé de gouache, sur papier végétal. Signé.
>
>> Haut. : 30 cent. ; Larg. : 18 cent.

148. — Étude de guerrier.

> Crayon noir rehaussé de blanc. Signé.
>
>> Haut. : 29 cent. ; Larg. : 18 cent.

149. — Femme orientale.

> Crayon noir. Signé.
>
>> Haut. : 41 cent. ; Larg. : 26 cent.

ROLL (Alfred)

150. — Le Marchand de fleurs.

> Crayon noir rehaussé de pastel. Signé.
>
>> Haut. : 37 cent. ; Larg. : 24 cent.

ROLL (Alfred)

15 . — En soirée.

> Étude au crayon noir rehaussé de pastel.
> Signé.
>
> > Haut. : 47 cent.; Larg. : 34 cent.

152. — Ouvrier charpentier.

> Fusain. Signé.
>
> > Haut. : 42 cent.; Larg. : 5o cent.

153. — Étude de femme.

> Pastel. Signé.
>
> > Haut. : 34 cent.; Larg. : 26 cent.

ROSSERT (P.)

154. — Au Jardin du Luxembourg (Automne).

> Crayon noir. Signé.
>
> > Haut. : 3o cent.; Larg. : 46 cent.

SCHEPPI (Mme)

155. — Tête de jeune femme.

> Lavis. Signé.
>
> > Haut, : 28 cent.; Larg. : 20 cent.

STECK (Paul)

156. — Boulonnaise.

> Crayon noir. Signé et daté 94.
>
> > Haut. : 40 cent.; Larg. : 24 cent.

TAVERNIER (Paul)

157. — Chevaux à la baignade.

Crayon noir. Signé.

Haut. : 42 cent.; Larg. : 29 cent.

158. — Meute conduite par un valet de chiens.

Crayon noir rehaussé de blanc. Signé.

Haut. ; 52 cent.; Larg. : 40 cent.

TCHOUMAKOFF (Th.)

159. — Buste de femme en décolleté.

Aux crayons noir et blanc sur papier bleu. Signé.

Haut. : 33 cent.; Larg. : 26 cent.

160. — Tête de jeune femme.

Crayon noir rehaussé de pastel, sur fond vert. Signé.

Haut. : 37 cent.; Larg. : 28 cent.

161. — Tête de jeune femme.

Crayon noir légèrement rehaussé d'aquarelle, sur fond gris. Signé.

Haut. : 30 cent.; Larg. : 23 cent.

162. — Tête de jeune femme, de profil.

Crayon noir légèrement rehaussé d'aquarelle. Signé.

Haut. : 39 cent.; Larg. : 29 cent.

TCHOUMAKOFF (Th.)

163. — Tête de fillette coiffée d'un bonnet.

> Crayons noir et blanc sur papier gris.
> Signé.
>> Haut. : 37 cent. ; Larg. : 28 cent.

TIMMERMANS (Louis)

164. — Entrée au port.

> Crayon noir. Signé. Salon 1892.
>> Haut. : 32 cent. ; Larg. : 48 cent.

165. — La Tamise à Londres.

> Crayon noir. Signé et daté 1889.
>> Haut. : 26 cent. ; Larg. : 47 cent.

166. — Paysans prenant de l'eau à la mer.

> Crayon noir. Signé.
>> Haut. : 28 cent. ; Larg. : 46 cent.

TOUSSAINT (Henri)

167. — Barques de pêche à Boulogne-sur-Mer.

> Lavis. Signé.
>> Haut. : 29 cent. ; Larg. : 38 cent.

TOUSSAINT (Henri)

168. — Un cavalier (Époque du Premier-Empire).

Plume et lavis légèrement rehaussé d'aquarelle. Signé.

Haut. : 26 cent.; Larg. : 17 cent.

VIOLLET-LE-DUC (V.)

169. — Un cavalier des Gardes de Cromwell.

Plume rehaussé de gouache sur papier appreté. Signé.

Haut, : 35 cent.; Larg. : 25 cent.

VOILLEMOT (Charles)

170. — Jeune fille en buste.

Crayon noir. Signé.

Haut. : 29 cent.; Larg. : 19 cent.

171. — Les Quatre Saisons.

Crayon noir. Signé.

Haut. : 22 cent.; Larg. : 11 cent.

172. — La Leçon de danse.

Plume. Signé.

Haut. : 28 cent.; Larg. : 22 cent.

VOLLON FILS (Alexis)

173. Tête d'enfant.

> Crayon noir. Signé.
>> Haut. : 17 cent.; Larg. : 13 cent.

174. Pierrots et Arlequin.

> Plume. Signé.
>> Haut. : 20 cent.. Larg. : 17 cent.

175. Tête de femme.

> Mine de plomb. Signé.
>> Haut. : 23 cent.; Larg. : 18 cent.

WAGREZ (Jacques)

176. — Mélancolie.

> Lavis rehaussé de gouache. Signé.
>> Haut. : 20 cent.; Larg. : 14 cent.

177. — A travers champs.

> Crayon noir. Signé.
>> Haut. : 24 cent.; Larg. : 17 cent.

178. — Matin de fête à Venise (xv· siècle).

> Plume. Signé.
>> Haut. : 27 cent.; Larg. : 19 cent.

WASHINGTON (Georges)

179. — Cavalier arabe porte-étendard.

Plume et Lavis. Signé.

Haut. : 56 cent. ; Larg. : 37 cent.

WÉLY (J.)

180. — La Dinde de Noël (Christmas Turkey).

Plume et aquarelle, rehaussé de gouache.
Signé et daté 95.

Haut. : 44 cent. ; Larg. : 31 cent,

181. — La Première Communion.

Plume et aquarelle rehaussé de gouache
Signé et daté 96.

Haut. : 44 cent. ; Larg. : 31 cent.

182. — La Toussaint. Entrée du Cimetière.

Plume et aquarelle rehaussé de gouache.
Signé et daté 95.

Haut. : 44 cent. ; Larg. : 33 cent.

WÉRY (Émile)

183. — Petit Pêcheur.

Fusain rehaussé de blanc. Signé et daté
1900.

Haut. : 72 cent. ; Larg. : 38 cent.

WORMS (Jules)

184. — Musiciens andalous.

Crayon noir. Signé.

Haut. : 21 cent.; Larg. : 30 cent.

185. — Rabbin alsacien dans la synagogue.

Crayon noir. Signé.

Haut. : 33 cent.; Larg. : 23 cent.

186. — Soldat espagnol.

Étude au crayon noir. Signé des initiales.

Haut. : 38 cent.; Larg. : 24 cent.

187. — Le Contrebandier espagnol.

Mine de plomb. Signé.

Haut. : 27 cent.; Larg. : 18 cent.

Dessins en Lots

188. — Dix-huit dessins

par Louise Abbema, L. E. Adan, Aublet.

189. — Cent quatre-vingt-huit dessins

par Ballavoine, Barrias, J. de Beaufond,
Beaury-Saurel, Beauvais, Beauverie, Bel-
langer-Adhémar, J. Belon, Belville, P.
de Bengy, Benner, Berchen, Bergeret,
Bernstamm, L. Béroud, Berthélemy,
Em. Berton, Billard, Binet, Bisson,
Bombled, Bonnet, Bouché, Boulanger,
Bourgeois, Bourgoin, Boutet de Monvel,
Boyé, Bramtot, Brémond, Bretegnier,
Brielmann, Brisgand, J. de Brito, R. de
Brossard, André Brouillet, Burgraff.
(Cinq lots.)

190. — Cent soixante-deux dessins

par Cadel, Cadol, Cagniard, G. et H.
Cain, Callot, Caraud, Carl-Rosa, Car-
rier-Belleuse, Casanova y Estorach,
Chalus, Chalon, Th. de Champ-Renaud,
Checa, Chicotot, M. de Chonsky,
Clermont-Gallerande, Cobianchi, Coës-

sin de la Fosse, Colombet, Colin-Libour,
Colonna de Cesari, Condamy, Cordova,
Corras, F. 1. Couse, Couturier, Cress-
well, Cuisinier. (Quatre lots.)

191. — Cent cinquante-six dessins

par Dallier, Dalon, Dameron, Debat-
Ponsan, Debillemont - Chardon, De-
haussy, J. Déjardin, E. Delobre, Des-
cormiers, Deshayes, Desliens, H.
Detaille, Deully, L. Deutsch, Diaqué,
Didier, Dubos, Dubufe, Duez, Dufau,
M. Duhem, Arm. Dumaresq, E. Dupain,
Duthoit. (Trois lots.)

192. — Soixante-quatorze dessins

par Edwards, Elliot, Edelfeldt, de La
Fargue, Engel, de Fauconnet, Ch.
Faure, Ferrier, de Feurgard, Firmin-
Girard, Aug. Flameng, Fougerat, Four-
nery, Fourié, L. Ed. Fournier, Fred,
Fritel. (Deux lots.)

193. — Cent soixante-dix dessins

par Galerne, Gardanne, Gartner, Gelly,
Geoffroy, Gerbault, Giacometti, L.
Girard, Girardot, Glaize, Gosselin,
Grandjean, Gridel, G. et M. Grivaz,
Grolleron, Guérard, Guérin des Lon-
grais, Guilmard, Guignard, Guillou,
Guilloux, Guinier. (Quatre lots.)

194. — Cinquante-quatre dessins

par Hagborg, Hall, Hammam, Hanriot,
Harlamoff, Em. Hart, Hatton, Hédouin,

Heullant, Hirschfeld, Humphrey-Moore, Huysmans. (Deux lots.)

195. — Trente-neuf dessins

par Jacquin, Jamas, Japy, Jazet, Jeanniot, Jobert, Jomet, Jousset, P. Judic, Kaplan, Krug.

196. — Cent vingt-cinq dessins

par Labbé, Lachenal, Fr. Lamy, Langlois, Lapointe, Laurent-Gsell, Lazerges, Leclaire, Marie Legrand, Noé Legrand, P. Legrand, Lainé, J. Lemaitre, Lemarié de Landelle, Leiris, Lefèvre, Lenoir, Leroux, Le Sidaner, Lesur, H. Lévy, P. Lévy, Longstaff (Quatre lots).

197. Cent cinquante-sept dessins

par Maillard, Adrien Marie, Maronnier, Mantelet, Mars, Masson, Masa, Mathieu-Lolliot, Matignon, Maury, Méaulle, Mengin, Méry, Michel, Michelena, Migault, de Moncourt, Monge, Monginot, Montholon, Morlot, Adrien Moreau, Jean Moreau, Moreau de Tours, Muenier, Muraton, Massador. (Quatre lots).

198. — Cent quatre dessins

par Pail, Paquaud, Parquet, Pécrus, Penfold, O. de Penne, Périssourd, Petitjean, Pezant, Picard, Henri Pille, de la Pinelais, Pinchard, Piot-Normand, Poggi, Polack, Porcher, Poutz, Pranishnikoff, Prins, Quintard. (Trois lots.)

199. — Cent dessins

par Ralli, Ravanne, Raynaud, Real del Sarte, Renart, Renaudot, Richet, Richter, Rivoire, Rixens, Robaglia, Rosen, Rossert, Rougier, Roullet, Roussel, H. Royer, Lionel Royer, de Rozier. (Trois lots.)

200. — Soixante dessins

par Sain, Saintin, Sauzay, Schommer, de Schryver, du Seutre, Snob, Sokolowsky, Souza-Pinto, Steck, Della Sudda.

201. — Vingt-six dessins

par Tallien, Tavernier, Tchoumakoff, Thomas, Timmermans, Toussaint.

202. — Quarante-huit dessins

par Vail, Vallet, Van den Bos, Vasselon, Vaudet, Vauquelin, Vauthier, Vianelli, Vignola, Villard, Voillemot, Alexis Vollon, Vonnoh.

203. — Cinquante dessins

par Wagrez, Weber, Weerts, Wély, Willms, Winter.

204. — Dix-sept dessins

par Ed. Yon, Zawisky, Zuber, Zwiller.

205. — Sous ce numéro seront vendus, par lots, les dessins, peintures et eaux-fortes non catalogués.

Imprimerie de la Gazette des Beaux-Arts, 8, rue Favart